화엄경 제22권 승도솔천궁품

승도솔천궁품은 부처님께서 보리수를 여의지 않고 도솔천에 올라가 도솔천왕의 환영을 받는데, 그 분위기가 자못 다른 세계에서는 볼 수 없다. 모두가 100만억금 이상으로 꾸며졌기 때문이다.

"백만억 금망·화장·보장·만장·향장·누각 등"(pp.4~48)이 모두 부처님께서 전생에 닦은 공덕으로부터 나왔는데, 이것을 보기 위해 도솔천의 모든 천자 천녀들이 다 나와 부처님께 공양하고 찬탄하였다.

"若有如來無礙月 ~ 是故此處最吉祥" (pp.111~116)

실로 여래께서 출세하기 전에는 열반도 없었지만 본래의 큰 원력으로 자재한 법을 나타내게 된 것이다.

昇兜率天宮品 第二十三

爾時世尊 一切

世界 見 皆 菩薩

自 薩 見 如來坐於樹下

爾 謂 承佛神力 而演說法

時 恒對於佛 靡不

世 尊 復 以神力不離

一切 世界 爾時 一佛神力故十方一切菩薩中

兜率天宮品 第二十三

於此菩提樹下 及須彌頂夜摩天宮 而往詣於兜率陀天宮 一切妙寶所莊嚴殿 於時兜率陀天王 遙見佛來 即敷座 摩尼藏師子之座 其師子座上 諸妙寶之所集成 過去修行 善根所得

衆 중	足 족	不 불	邊 변	所 소	百 백	
生 생	是 시	可 가	福 복	生 생	千 천	一 일
咸 함	出 출	沮 저	力 력	一 일	億 억	切 체
來 래	世 세	壞 괴	之 지	切 체	那 나	如 여
觀 관	法 법	觀 관	所 소	如 여	由 유	來 래
察 찰	非 비	者 자	嚴 엄	來 래	他 타	神 신
無 무	世 세	欣 흔	瑩 영	淨 정	阿 아	力 력
有 유	所 소	樂 락	淸 청	法 법	僧 승	所 소
能 능	染 염	無 무	淨 정	所 소	祇 기	現 현
得 득	一 일	所 소	業 업	起 기	善 선	無 무
究 구	切 체	厭 염	報 보	無 무	根 근	量 량

사경의 공덕은 십만억 부처님께 공양한 것과 같은 공덕이 있습니다.

億	香	億	萬	百		其
鬘	氣	香	億	萬	有	妙
蓋	普	帳	寶	億	百	好
百	熏	張	帳	金	萬	
萬	百	施	百	網	億	
億	萬	其	萬	百	層	
寶	億	上	億	萬	級	
蓋	華	華	鬘	億	周	
諸	蓋	鬘	帳	華	帀	
天	百	垂	百	帳	圍	
執	萬	下	萬	百	遶	

사경의 공덕은 십만억 부처님께 공양한 것과 같은 공덕이 있습니다.

大方廣佛華嚴經 4

下하		覆부	萬만		敷부	持지
百백	百백	其기	億억	百백	其기	四사
萬만	萬만	上상	摩마	萬만	上상	面면
億억	億억		尼니	億억		行행
莊장	寶보		網망	樓루		列렬
嚴엄	瓔영		百백	閣각		百백
具구	珞락		萬만	綺기		萬만
網망	網망		億억	煥환		億억
百백	四사		寶보	莊장		寶보
萬만	面면		網망	嚴엄		衣의
億억	垂수		彌미	百백		以이

사경의 공덕은 십만억 부처님께 공양한 것과 같은 공덕이 있습니다.

檀 단	鈴 령	稱 칭		華 화	帳 장	蓋 개
寶 보	微 미	悅 열	百 백	網 망	網 망	網 망
帳 장	動 동	衆 중	萬 만	開 개	以 이	百 백
香 향	出 출	心 심	億 억	敷 부	張 장	萬 만
氣 기	和 화	百 백	寶 보	光 광	其 기	億 억
普 보	雅 아	萬 만	香 향	榮 영	上 상	衣 의
熏 훈	音 음	億 억	網 망		百 백	網 망
百 백	百 백	寶 보	其 기		萬 만	百 백
萬 만	萬 만	鈴 령	香 향		億 억	萬 만
億 억	億 억	帳 장	美 미		寶 보	億 억
寶 보	栴 전	其 기	妙 묘		蓮 연	寶 보

사경의 공덕은 십만억 부처님께 공양한 것과 같은 공덕이 있습니다.

莊 장	億 억	億 억	眞 진	薩 살	色 색	華 화
嚴 엄	一 일	種 종	金 금	帳 장	衣 의	帳 장
	切 체	種 종	帳 장	百 백	帳 장	其 기
	寶 보	寶 보	百 백	萬 만	世 세	華 화
	帳 장	帳 장	萬 만	億 억	所 소	敷 부
	大 대	悉 실	億 억	雜 잡	希 희	榮 영
	摩 마	張 장	琉 류	色 색	有 유	百 백
	尼 니	其 기	璃 리	帳 장	百 백	萬 만
	寶 보	上 상	帳 장	百 백	萬 만	億 억
	以 이	百 백	百 백	萬 만	億 억	衆 중
	爲 위	萬 만	萬 만	億 억	菩 보	妙 묘

사경의 공덕은 십만억 부처님께 공양한 것과 같은 공덕이 있습니다.

藏장	百백	普보	垂수	萬만	百백	
寶보	萬만	熏훈	下하	億억	萬만	百백
瓔영	億억	百백	百백	寶보	億억	萬만
珞락	寶보	萬만	萬만	鬘만	頻빈	億억
百백	華화	億억	億억	百백	婆바	妙묘
萬만	瓔영	天천	天천	萬만	帳장	寶보
億억	珞락	莊장	堅견	億억	殊수	華화
摩마	百백	嚴엄	固고	香향	妙묘	周주
尼니	萬만	具구	香향	鬘만	間간	帀잡
寶보	億억	瓔영	其기	四사	錯착	瑩영
瓔영	勝승	珞락	香향	面면	百백	飾식

사경의 공덕은 십만억 부처님께 공양한 것과 같은 공덕이 있습니다.

大方廣佛華嚴經 8

毘(비)	色(색)	萬(만)		爲(위)	嚴(엄)	珞(락)
盧(로)	眞(진)	億(억)	百(백)	垂(수)	座(좌)	百(백)
遮(자)	金(금)	自(자)	萬(만)	帶(대)	身(신)	萬(만)
那(나)	藏(장)	在(재)	億(억)		百(백)	億(억)
摩(마)	以(이)	摩(마)	因(인)		萬(만)	海(해)
尼(니)	爲(위)	尼(니)	陀(다)		億(억)	摩(마)
寶(보)	間(간)	寶(보)	羅(라)		妙(묘)	尼(니)
百(백)	飾(식)	百(백)	金(금)		寶(보)	寶(보)
萬(만)	百(백)	萬(만)	剛(강)		繒(증)	瓔(영)
億(억)	萬(만)	億(억)	寶(보)		綵(채)	珞(락)
因(인)	億(억)	妙(묘)	百(백)		以(이)	莊(장)

사경의 공덕은 십만억 부처님께 공양한 것과 같은 공덕이 있습니다.

陀 다	億 억		彰 창	寶 보	勝 승	尼 니
羅 라	天 천	百 백	施 시	以 이	半 반	寶 보
摩 마	堅 견	萬 만	妙 묘	爲 위	月 월	百 백
尼 니	固 고	億 억	色 색	門 문	寶 보	萬 만
寶 보	摩 마	淸 청	百 백	闥 달	百 백	億 억
光 광	尼 니	淨 정	萬 만	百 백	萬 만	師 사
明 명	寶 보	功 공	億 억	萬 만	億 억	子 자
照 조	以 이	德 덕	淸 청	億 억	離 리	面 면
耀 요	爲 위	摩 마	淨 정	世 세	垢 구	摩 마
百 백	窓 창	尼 니	妙 묘	中 중	藏 장	尼 니
萬 만	牖 유	寶 보	藏 장	最 최	摩 마	寶 보

사경의 공덕은 십만억 부처님께 공양한 것과 같은 공덕이 있습니다.

寶보	覆부	億억	百백	如여		間간
百백	其기	帝제	萬만	意의	百백	錯착
萬만	上상	幢당	億억	百백	萬만	莊장
億억	百백	摩마	淸청	萬만	億억	嚴엄
須수	萬만	尼니	淨정	億억	心심	
彌미	億억	寶보	藏장	閻염	王왕	
幢당	白백	咸함	摩마	浮부	摩마	
摩마	銀은	放방	尼니	檀단	尼니	
尼니	藏장	光광	寶보	摩마	寶보	
寶보	摩마	明명	百백	尼니	所소	
莊장	尼니	彌미	萬만	寶보	求구	

사경의 공덕은 십만억 부처님께 공양한 것과 같은 공덕이 있습니다.

嚴	萬	寶	萬	種	樂	邊
엄	만	보	만	종	락	변
其	億	瓔	億	藏	見	色
기	억	영	억	장	견	색
藏	琉	珞	寶	摩	赤	相
장	류	락	보	마	적	상
百	璃	百	光	尼	眞	藏
백	리	백	광	니	진	장
萬	瓔	萬	明	瓔	珠	摩
만	영	만	명	영	주	마
億	珞	億	瓔	珞	瓔	尼
억	락	억	영	락	영	니
眞	百	摩	珞	百	珞	寶
진	백	마	락	백	락	보
珠	萬	尼	百	萬	百	瓔
주	만	니	백	만	백	영
瓔	億	瓔	萬	億	萬	珞
영	억	영	만	억	만	락
珞	赤	珞	億	甚	億	
락	적	락	억	심	억	
百	色	百	種	可	無	
백	색	백	종	가	무	

사경의 공덕은 십만억 부처님께 공양한 것과 같은 공덕이 있습니다.

不_불		因_인	億_억	珞_락	珞_락
思_사	百_백	陀_다	摩_마	周_주	百_백	百_백
議_의	萬_만	羅_라	尼_니	帀_잡	萬_만	萬_만
境_경	億_억	妙_묘	身_신	垂_수	億_억	億_억
界_계	黑_흑	色_색	殊_수	布_포	勝_승	極_극
香_향	栴_전	寶_보	妙_묘	以_이	光_광	淸_청
百_백	檀_단		嚴_엄	爲_위	明_명	淨_정
萬_만	香_향		飾_식	莊_장	摩_마	無_무
億_억	百_백		百_백	嚴_엄	尼_니	比_비
十_시	萬_만		萬_만	百_백	寶_보	寶_보
方_방	億_억		億_억	萬_만	瓔_영	瓔_영

사경의 공덕은 십만억 부처님께 공양한 것과 같은 공덕이 있습니다.

| 妙香百萬億最勝香百萬億 | 甚可愛樂香咸發香氣普熏億 | 十方百萬億頻婆羅香普散 | 十方百萬億淨光香普熏衆 | | 生百萬億億邊際種種色香 | 普熏一切諸佛國土永不歇 |

사경의 공덕은 십만억 부처님께 공양한 것과 같은 공덕이 있습니다.

開개	氣기	轉전	出출	一일	百백	滅멸
悟오	普보	衆중	大대	切체	萬만	百백
香향	熏훈	心심	音음	百백	億억	萬만
普보	其기	百백	聲성	萬만	燒소	億억
徧변	味미	萬만	百백	億억	香향	塗도
一일	甘감	億억	萬만	蓮연	香향	香향
切체	美미	阿아	億억	華화	氣기	百백
令령	百백	樓루	遊유	藏장	發발	萬만
其기	萬만	那나	戲희	沈침	越월	億억
聞문	億억	香향	香향	水수	普보	熏훈
者자	能능	香향	能능	香향	熏훈	香향

사경의 공덕은 십만억 부처님께 공양한 것과 같은 공덕이 있습니다.

百 백	雨 우	雲 운	億 억		香 향	諸 제
萬 만	百 백	雨 우	天 천	雨 우	王 왕	根 근
億 억	萬 만	百 백	香 향	百 백	香 향	寂 적
天 천	億 억	萬 만	雲 운	萬 만	種 종	靜 정
優 우	天 천	億 억	雨 우	億 억	種 종	復 부
鉢 발	波 파	天 천	百 백	天 천	莊 장	有 유
羅 라	頭 두	拘 구	萬 만	華 화	嚴 엄	百 백
華 화	摩 마	蘇 소	億 억	雲 운		萬 만
雲 운	華 화	摩 마	天 천	雨 우		億 억
雨 우	雲 운	華 화	末 말	百 백		無 무
百 백	雨 우	雲 운	香 향	萬 만		比 비

사경의 공덕은 십만억 부처님께 공양한 것과 같은 공덕이 있습니다.

雨	億	雨	切	天	億	萬
우	억	우	체	천	억	만
百	天	百	天	曼	天	億
백	천	백	천	만	천	억
萬	蓋	萬	華	陀	芬	天
만	개	만	화	다	분	천
億	雲	億	雲	羅	陀	拘
억	운	억	운	라	다	구
天	雨	摩	雨	華	利	物
천	우	마	우	화	리	물
冠	百	尼	百	雲	華	頭
관	백	니	백	운	화	두
雲	萬	寶	萬	雨	雲	華
운	만	보	만	우	운	화
雨	億	雲	億	百	雨	雲
우	억	운	억	백	우	운
百	天	雨	天	萬	百	雨
백	천	우	천	만	백	우
萬	幡	百	衣	億	萬	百
만	번	백	의	억	만	백
億	雲	萬	雲	一	億	萬
억	운	만	운	일	억	만

사경의 공덕은 십만억 부처님께 공양한 것과 같은 공덕이 있습니다.

萬	寶		萬	雨	鬘	天
億	幡	建	億	百	雲	莊
香	垂	百	天	萬	雨	嚴
爐	百	萬	沈	億	百	具
布	萬	億	水	天	萬	雲
百	億	寶	香	栴	億	雨
萬	寶	幢	雲	檀	天	百
億	繒	懸		香	寶	萬
寶	帶	百		雲	瓔	億
鬘	然	萬		雨	珞	天
持	百	億		百	雲	寶

사경의 공덕은 십만억 부처님께 공양한 것과 같은 공덕이 있습니다.

大方廣佛華嚴經 18

百(백) 萬(만) 億(억) 寶(보) 扇(선) 執(집) 百(백) 萬(만) 億(억) 寶(보) 拂(불) 懸(현) 百(백) 萬(만) 億(억) 寶(보) 鈴(령) 微(미) 風(풍) 吹(취) 動(동) 出(출) 妙(묘) 音(음) 聲(성) 百(백) 萬(만) 億(억) 寶(보) 網(망) 欄(란) 楯(순) 周(주) 帀(잡) 圍(위) 遶(요) 百(백) 萬(만) 億(억) 寶(보) 多(다) 羅(라) 樹(수) 次(차) 第(제) 行(행) 列(렬) 百(백) 萬(만) 億(억) 妙(묘) 寶(보) 窓(창) 牖(유) 綺(기) 麗(려) 莊(장) 嚴(엄) 百(백) 萬(만) 億(억) 寶(보) 樹(수) 周(주) 帀(잡) 垂(수) 陰(음) 百(백)

사경의 공덕은 십만억 부처님께 공양한 것과 같은 공덕이 있습니다.

爲위	金금	底저	瓔영	鈴령	億억	萬만
竿간	縷루	迦가	珞락	出출	寶보	億억
執집	織직	能능	嚴엄	妙묘	門문	寶보
持지	成성	除제	淨정	音음	垂수	樓루
行행	百백	衆중	垂수	聲성	布포	閣각
列렬	萬만	惡악	下하	百백	瓔영	延연
百백	億억	百백	百백	萬만	珞락	袤무
萬만	寶보	萬만	萬만	億억	百백	綺기
億억	蓋개	億억	億억	吉길	萬만	飾식
一일	衆중	金금	寶보	祥상	億억	百백
切체	寶보	藏장	悉실	相상	金금	萬만

사경의 공덕은 십만억 부처님께 공양한 것과 같은 공덕이 있습니다.

藏	香	無	億	百		寶
開	焰	量	日	萬	百	莊
敷	光	色	藏	億	萬	嚴
鮮	明	寶	輪	光	億	具
榮	映	之	百	明	光	網
百	徹	所	萬	周	明	間
萬	百	集	億	徧	寶	錯
億	萬	成	月	照	放	莊
寶	億	百	藏	耀	種	嚴
網	蓮	萬	輪	百	種	
百	華	億	并	萬	光	

사경의 공덕은 십만억 부처님께 공양한 것과 같은 공덕이 있습니다.

大方廣佛華嚴經

百백	奇기	奇기	百백	天천	其기	萬만
萬만	妙묘	妙묘	萬만	靑청	上상	億억
億억	衣의	色색	億억	色색	百백	華화
一일	百백	衣의	天천	衣의	萬만	網망
切체	萬만	百백	赤적	百백	億억	百백
寶보	億억	萬만	色색	萬만	天천	萬만
所소	種종	億억	衣의	億억	寶보	億억
成성	種종	天천	百백	天천	衣의	香향
衣의	香향	種종	萬만	黃황	百백	網망
百백	熏훈	種종	億억	色색	萬만	彌미
萬만	衣의	寶보	天천	衣의	億억	覆복

사경의 공덕은 십만억 부처님께 공양한 것과 같은 공덕이 있습니다.

大方廣佛華嚴經 22

百 백	華 화	布 포	幢 당	網 망	喜 희	億 억
萬 만	百 백	香 향	衆 중	幢 당	百 백	鮮 선
億 억	萬 만	網 망	彩 채	出 출	萬 만	白 백
天 천	億 억	百 백	具 구	微 미	億 억	衣 의
摩 마	天 천	萬 만	足 족	妙 묘	天 천	悉 실
尼 니	衣 의	億 억	百 백	音 음	鈴 령	善 선
寶 보	幢 당	華 화	萬 만	百 백	幢 당	敷 부
幢 당	懸 현	幢 당	億 억	萬 만	百 백	布 포
衆 중	布 포	雨 우	香 향	億 억	萬 만	見 견
寶 보	妙 묘	一 일	幢 당	天 천	億 억	者 자
莊 장	衣 의	切 체	垂 수	繒 증	金 금	歡 환

사경의 공덕은 십만억 부처님께 공양한 것과 같은 공덕이 있습니다.

天천	萬만		寶보	鬘만	校교	嚴엄
箜공	億억	百백	鈴령	四사	飾식	百백
篌후	天천	萬만	和화	面면	百백	萬만
出출	鼓고	億억	鳴명	行행	萬만	億억
微미	出출	天천	聞문	布포	億억	天천
妙묘	大대	螺라	皆개	百백	天천	莊장
音음	音음	出출	歡환	萬만	鬘만	嚴엄
百백	聲성	妙묘	喜희	億억	幢당	具구
萬만	百백	音음		天천	種종	幢당
億억	萬만	聲성		蓋개	種종	衆중
天천	億억	百백		幢당	華화	具구

사경의 공덕은 십만억 부처님께 공양한 것과 같은 공덕이 있습니다.

萬	天	其	一	自	諸	牟
만	천	기	일	자	제	모
億	鼓	聲	切	在	雜	陀
억	고	성	체	재	잡	다
天	因	如	佛	樂	樂	羅
천	인	여	불	락	락	라
如	於	響	刹	出	同	出
여	어	향	찰	출	동	출
意	撫	普	百	妙	時	大
의	무	보	백	묘	시	대
樂	擊	應	萬	音	俱	妙
락	격	응	만	음	구	묘
自	而	一	億	聲	奏	音
자	이	일	억	성	주	음
然	出	切	天	其	百	百
연	출	체	천	기	백	백
出	妙	百	變	聲	萬	萬
출	묘	백	변	성	만	만
聲	音	萬	化	普	億	億
성	음	만	화	보	억	억
音	百	億	樂	徧	天	天
음	백	억	락	변	천	천

사경의 공덕은 십만억 부처님께 공양한 것과 같은 공덕이 있습니다.

微미	億억	萬만	百백		妙묘	節절
細세	衆중	億억	萬만	百백	音음	相상
音음	妙묘	甚심	億억	萬만	聲성	和화
歎탄	音음	深심	廣광	億억	滅멸	百백
如여	歎탄	音음	大대	悅열	諸제	萬만
實실	佛불	讚찬	音음	意의	煩번	億억
理리	業업	歎탄	讚찬	音음	惱뇌	天천
百백	果과	修수	歎탄	讚찬		諸제
萬만	百백	行행	承승	歎탄		雜잡
億억	萬만	百백	事사	供공		樂락
無무	億억	萬만	百백	養양		出출

사경의 공덕은 십만억 부처님께 공양한 것과 같은 공덕이 있습니다.

讚歎開示一切菩薩地相應
功德無盡百萬億菩薩地音
百萬億無量音歎諸菩薩
最勝百萬無畏億無量音
佛勝無億法門音讚歎諸佛
億清淨音讚歎過去供養諸
障礙眞實音歎佛本行百萬

사경의 공덕은 십만억 부처님께 공양한 것과 같은 공덕이 있습니다.

	音(음)	智(지)	甚(심)	讚(찬)	德(덕)	行(행)
百(백)	充(충)	相(상)	深(심)	歎(탄)	無(무)	百(백)
萬(만)	滿(만)	應(응)	法(법)	稱(칭)	有(유)	萬(만)
億(억)	一(일)	理(리)	音(음)	揚(양)	斷(단)	億(억)
無(무)	切(체)	百(백)	讚(찬)	見(견)	絶(절)	無(무)
礙(애)	佛(불)	萬(만)	歎(탄)	佛(불)	百(백)	斷(단)
淸(청)	刹(찰)	億(억)	一(일)	之(지)	萬(만)	絶(절)
淨(정)		廣(광)	切(체)	行(행)	億(억)	音(음)
音(음)		大(대)	法(법)	百(백)	隨(수)	歎(탄)
隨(수)		音(음)	無(무)	萬(만)	順(순)	佛(불)
其(기)		其(기)	礙(애)	億(억)	音(음)	功(공)

사경의 공덕은 십만억 부처님께 공양한 것과 같은 공덕이 있습니다.

善선	一일	境경	無무	百백	三삼	心심
宣선	切체	界계	障장	萬만	界계	樂락
一일	法법	音음	礙애	億억	音음	悉실
切체	義의	隨수	深심	歡환	令령	令령
法법	百백	所소	信신	喜희	其기	歡환
句구	萬만	出출	恭공	音음	聞문	喜희
差차	億억	聲성	敬경	令령	者자	百백
別별	陀다	悉실	百백	其기	深심	萬만
決결	羅라	能능	萬만	聞문	入입	億억
了료	尼니	開개	億억	者자	法법	不부
如여	音음	示시	佛불	心심	性성	住주

사경의 공덕은 십만억 부처님께 공양한 것과 같은 공덕이 있습니다.

生 생	修 수	治 치	倍 배	萬 만	音 음	來 래
貴 귀	行 행	地 지	更 갱	億 억	其 기	秘 비
菩 보	菩 보	菩 보	增 증	初 초	音 음	密 밀
薩 살	薩 살	薩 살	長 장	發 발	和 화	之 지
住 주	悟 오	心 심	一 일	心 심	暢 창	藏 장
勝 승	解 해	淨 정	切 체	菩 보	克 극	百 백
志 지	淸 청	歡 환	智 지	薩 살	諧 해	萬 만
樂 락	淨 정	喜 희	心 심	纔 재	衆 중	億 억
	百 백	百 백	百 백	見 견	樂 락	一 일
	萬 만	萬 만	萬 만	此 차	有 유	切 체
	億 억	億 억	億 억	座 좌	百 백	法 법

사경의 공덕은 십만억 부처님께 공양한 것과 같은 공덕이 있습니다.

사경의 공덕은 십만억 부처님께 공양한 것과 같은 공덕이 있습니다.

億灌頂菩薩 十力 百萬億菩薩 得自在神 通百萬億菩薩 生清淨解 萬億菩薩 心生愛樂 百萬億 菩薩 深信不壞 百萬億 菩薩 勢力廣大 百萬億 菩薩 增長 百萬億 菩薩 演說法義 名稱

사경의 공덕은 십만억 부처님께 공양한 것과 같은 공덕이 있습니다.

	覺각	百백	菩보	萬만		令령
菩보	解해	萬만	薩살	億억	百백	智지
薩살	百백	億억	得득	菩보	萬만	決결
安안	萬만	菩보	聞문	薩살	億억	定정
住주	億억	薩살	持지	生생	菩보	
信신		出출	力력	決결	薩살	
根근		生생	持지	定정	正정	
百백		無무	一일	智지	念념	
萬만		量량	切체	百백	不불	
億억		廣광	佛불	萬만	亂란	
菩보		大대	法법	億억	百백	

사경의 공덕은 십만억 부처님께 공양한 것과 같은 공덕이 있습니다.

萬 만	羅 라	佛 불	密 밀	眾 중	萬 만	薩 살
億 억	密 밀	法 법	心 심	戒 계	億 억	得 득
菩 보	能 능	百 백	不 불	百 백	菩 보	檀 단
薩 살	行 행	萬 만	妄 망	萬 만	薩 살	波 바
得 득	無 무	億 억	動 동	億 억	得 득	羅 라
禪 선	量 량	菩 보	悉 실	菩 보	尸 시	密 밀
波 바	出 출	薩 살	能 능	薩 살	波 바	能 능
羅 라	離 리	得 득	忍 인	得 득	羅 라	一 일
密 밀	精 정	精 정	受 수	忍 인	密 밀	切 체
具 구	進 진	進 진	一 일	波 바	具 구	施 시
足 족	百 백	波 바	切 체	羅 라	持 지	百 백

사경의 공덕은 십만억 부처님께 공양한 것과 같은 공덕이 있습니다.

萬만	薩살	智지	願원	普보	得득	無무
億억	爲위	慧혜	悉실	照조	般반	量량
菩보	十시	燈등	皆개	耀요	若야	禪선
薩살	方방	明명	清청	百백	波바	定정
周주	諸제	照조	淨정	萬만	羅라	光광
徧변	佛불	法법	百백	億억	密밀	明명
十시	法법	門문	萬만	菩보	智지	百백
方방	光광	百백	億억	薩살	慧혜	萬만
演연	所소	萬만	菩보	成성	光광	億억
離리	照조	億억	薩살	就취	明명	菩보
癡치	百백	菩보	得득	大대	能능	薩살

사경의 공덕은 십만억 부처님께 공양한 것과 같은 공덕이 있습니다.

萬	億	薩	佛	到	佛	法
億	菩	得	音	一	刹	百
菩	薩	出	聲	切	土	萬
薩	得	生	能	佛	百	億
成	成	一	廣	國	萬	菩
就	就	切	開	百	億	薩
法	一	智	悟	萬	菩	普
智	切	方	百	億	薩	入
猶	法	便	萬	菩	法	一
如	門	百	億	薩	身	切
寶	百	萬	菩	得	隨	諸

사경의 공덕은 십만억 부처님께 공양한 것과 같은 공덕이 있습니다.

大方廣佛華嚴經 36

阿 아	乾 건	億 억	百 백		億 억	幢 당
修 수	闥 달	夜 야	萬 만	百 백	菩 보	能 능
羅 라	婆 바	叉 차	億 억	萬 만	薩 살	普 보
王 왕	王 왕	王 왕	龍 용	億 억	能 능	顯 현
斷 단	起 기	頂 정	王 왕	諸 제	悉 실	示 시
憍 교	淨 정	上 상	諦 체	天 천	示 시	一 일
慢 만	信 신	合 합	觀 관	王 왕	現 현	切 체
意 의	心 심	掌 장	無 무	恭 공	如 여	佛 불
百 백	百 백	百 백	厭 염	敬 경	來 래	法 법
萬 만	萬 만	萬 만	百 백	禮 례	境 경	百 백
億 억	億 억	億 억	萬 만	拜 배	界 계	萬 만

사경의 공덕은 십만억 부처님께 공양한 것과 같은 공덕이 있습니다.

摩마	利리		億억	摩마	緊긴	迦가
天천	天천	世세		睺후	那나	樓루
王왕	王왕	主주		羅라	羅라	羅라
歡환	瞻첨	稽계		伽가	王왕	王왕
喜희	仰앙	首수		王왕	歡환	口구
讚찬	不불	作작		歡환	喜희	銜함
歎탄	瞬순	禮례		喜희	踊용	繒증
百백	百백	百백		瞻첨	躍약	帶대
萬만	萬만	萬만		仰앙	百백	百백
億억	億억	億억		百백	萬만	萬만
兜도	夜야	忉도		萬만	億억	億억

사경의 공덕은 십만억 부처님께 공양한 것과 같은 공덕이 있습니다.

專 전	菩 보	首 수	天 천	化 화	樂 락	率 솔
心 심	薩 살	羅 라	王 왕	天 천	天 천	天 천
供 공	發 발	天 천	一 일	王 왕	王 왕	王 왕
養 양	聲 성	王 왕	心 심	恭 공	頭 두	布 포
百 백	讚 찬	恭 공	觀 관	敬 경	頂 정	身 신
萬 만	歎 탄	敬 경	察 찰	合 합	禮 례	作 작
億 억	百 백	供 공	百 백	掌 장	敬 경	禮 례
同 동	萬 만	養 양	萬 만	百 백	百 백	百 백
願 원	億 억	百 백	億 억	萬 만	萬 만	萬 만
天 천	天 천	萬 만	摩 마	億 억	億 억	億 억
踊 용	女 녀	億 억	醯 혜	梵 범	他 타	化 화

사경의 공덕은 십만억 부처님께 공양한 것과 같은 공덕이 있습니다.

躍歡喜 百千萬億 往昔 同住 天布 妙聲 稱讚 百萬億 梵身 輔天 合掌 身敬禮 百萬億 萬億 梵天 於頂 百萬億 圍遶 侍衛 百萬 大梵天 讚歎 稱揚 無量 功德 百萬億 光天 五體投地 百

사경의 공덕은 십만억 부처님께 공양한 것과 같은 공덕이 있습니다.

億少光天宣揚讚歎佛世難値百萬億無量光天遙向佛禮百萬億無量光音天讚歎如來甚難得見百萬億淨天與宮殿俱而來詣此百萬億少淨天以清淨心稽首作禮百萬億無量

사경의 공덕은 십만억 부처님께 공양한 것과 같은 공덕이 있습니다.

淨	萬	供	百	希	定	果
정	만	공	백	희	정	과
天	億	養	萬	有	尊	天
천	억	양	만	유	존	천
願	徧	百	億	想	重	曲
원	변	백	억	상	중	곡
欲	淨	萬	少	百	生	躬
욕	정	만	소	백	생	궁
見	天	億	廣	萬	諸	恭
견	천	억	광	만	제	공
佛	恭	廣	天	億	善	敬
불	공	광	천	억	선	경
投	敬	天	於	無	業	
투	경	천	어	무	업	
身	尊	念	如	量	百	
신	존	념	여	량	백	
而	重	昔	來	廣	萬	
이	중	석	래	광	만	
下	親	善	所	天	億	
하	친	선	소	천	억	
百	近	根	生	決	廣	
백	근	근	생	결	광	

사경의 공덕은 십만억 부처님께 공양한 것과 같은 공덕이 있습니다.

萬만	億억	天천	見견	掌장	恭공	
億억	阿아	念념	天천	念념	敬경	百백
種종	迦가	供공	頭두	佛불	禮례	萬만
種종	尼니	養양	面면	情정	拜배	億억
天천	吒타	佛불	作작	無무	百백	無무
皆개	天천	心심	禮례	厭염	萬만	煩번
大대	恭공	無무	百백	足족	億억	天천
歡환	敬경	懈해	萬만	百백	無무	信신
喜희	頂정	歇헐	億억	萬만	熱열	根근
發발	禮례	百백	善선	億억	天천	堅견
聲성	百백	萬만	現현	善선	合합	固고

사경의 공덕은 십만억 부처님께 공양한 것과 같은 공덕이 있습니다.

讚	而		莊	雨	雨	雨
歎	爲	百	嚴	一	一	一
百	莊	萬	不	切	切	切
萬	嚴	億	絶	華	香	鬘
億		菩	百	百	百	百
諸		薩	萬	萬	萬	萬
天		天	億	億	億	億
各		護	華	香	鬘	末
善		持	手	手	手	香
思		佛	菩	菩	菩	手
惟		座	薩	薩	薩	菩

사경의 공덕은 십만억 부처님께 공양한 것과 같은 공덕이 있습니다.

寶보	幡번	幢당	蓋개	衣의	手수	薩살
手수	手수	手수	手수	手수	菩보	雨우
菩보	菩보	菩보	菩보	菩보	薩살	一일
薩살	薩살	薩살	薩살	薩살	雨우	切체
雨우	雨우	雨우	雨우	雨우	一일	末말
一일	一일	一일	一일	一일	切체	香향
切체	切체	切체	切체	切체	塗도	百백
寶보	幡번	幢당	蓋개	衣의	香향	萬만
百백	百백	百백	百백	百백	百백	億억
萬만	萬만	萬만	萬만	萬만	萬만	塗도
億억	億억	億억	億억	億억	億억	香향

사경의 공덕은 십만억 부처님께 공양한 것과 같은 공덕이 있습니다.

大方廣佛華嚴經

莊	至	淨	貴	頂	惟
장	지	정	귀	정	유
嚴	於	信	天	天	菩
엄	어	신	천	천	보
手	百	心	子	子	薩
수	백	심	자	자	살
菩	萬	幷	以	擧	恭
보	만	병	이	거	공
薩	億	宮	身	身	敬
살	억	궁	신	신	경
雨	諸	殿	持	持	思
우	제	전	지	지	사
一	百	俱	座	座	惟
일	백	구	좌	좌	유
切	天	百	百	百	百
체	천	백	백	백	백
莊	子	萬	萬	萬	萬
장	자	만	만	만	만
嚴	從	億	億	億	億
엄	종	억	억	억	억
具	天	諸	百	百	百
구	천	제	백	백	백
出	宮	天	萬	萬	萬
출	궁	천	만	만	만

사경의 공덕은 십만억 부처님께 공양한 것과 같은 공덕이 있습니다.

成 성	菩 보	萬 만	淨 정	心 심	薩 살	貴 귀
就 취	薩 살	億 억	百 백	淸 청	諸 제	菩 보
於 어	法 법	菩 보	萬 만	淨 정	根 근	薩 살
地 지	光 광	薩 살	億 억	百 백	悅 열	發 발
百 백	照 조	受 수	菩 보	萬 만	樂 락	淸 청
萬 만	耀 요	生 생	薩 살	億 억	百 백	淨 정
億 억	百 백	自 자	諸 제	菩 보	萬 만	心 심
菩 보	萬 만	在 재	業 업	薩 살	億 억	百 백
薩 살	億 억	百 백	淸 청	信 신	菩 보	萬 만
善 선	菩 보	萬 만	淨 정	解 해	薩 살	億 억
能 능	薩 살	億 억	百 백	淸 청	深 심	菩 보

사경의 공덕은 십만억 부처님께 공양한 것과 같은 공덕이 있습니다.

大方廣佛華嚴經

固 고	行 행	萬 만	滿 만	諸 제		教 교
百 백	所 소	億 억	百 백	佛 불	百 백	化 화
萬 만	生 생	大 대	萬 만	護 호	萬 만	一 일
億 억	起 기	願 원	億 억	持 지	億 억	切 체
神 신	百 백	所 소	殊 수	百 백	善 선	衆 중
力 력	萬 만	嚴 엄	勝 승	萬 만	根 근	生 생
所 소	億 억	潔 결	心 심	億 억	所 소	
示 시	善 선	百 백	所 소	福 복	生 생	
現 현	法 법	萬 만	清 청	德 덕	百 백	
百 백	所 소	億 억	淨 정	所 소	萬 만	
萬 만	堅 견	善 선	百 백	圓 원	億 억	

사경의 공덕은 십만억 부처님께 공양한 것과 같은 공덕이 있습니다.

億功德所成就百萬億讚歎
法而以讚歎
如此世界兜率天王奉爲
如來敷置高座一切世界兜
率天王悉爲於佛如是敷座
如是莊嚴如是儀則如是信
樂如是心淨如是欣樂如是

사경의 공덕은 십만억 부처님께 공양한 것과 같은 공덕이 있습니다.

大方廣佛華嚴經

喜悅如是尊重如是而生希

有之想如是尊重踊躍如是渴仰

悉皆同等

爾時兜率天王爲如來敷

置座已心生尊重與十萬億

阿僧祇兜率天子奉迎如來

以清淨心雨阿僧祇色華雲

사경의 공덕은 십만억 부처님께 공양한 것과 같은 공덕이 있습니다.

雲운	雨우	嚴엄	雲운	無무	鬘만	雨우
諸제	一일	具구	雨우	量량	雲운	不불
天천	切체	雲운	無무	種종	雨우	思사
子자	栴전	雨우	邊변	種종	廣광	議의
衆중	檀단	無무	衆중	蓋개	大대	色색
各각	沈침	量량	妙묘	雲운	清청	香향
從종	水수	種종	寶보	雨우	淨정	雲운
其기	堅견	種종	雲운	細세	栴전	雨우
身신	固고	燒소	雨우	妙묘	檀단	種종
出출	末말	香향	天천	天천	雲운	種종
此차	香향	雲운	莊장	衣의	雨우	色색

사경의 공덕은 십만억 부처님께 공양한 것과 같은 공덕이 있습니다.

諸雲百千億阿僧祇兜率天衆心大天
及時餘在會諸天子衆心兜率天
歡喜恭敬頂禮阿僧祇天子祇衆天女
踊躍欣慕諦觀不可說諸菩薩
衆住虛空中中精勤一心以出

衆住虛空中精勤一心以出
兜率宮中不可說諸菩薩
踊躍欣慕諦觀如來說諸菩薩
歡喜恭敬頂禮阿僧祇衆天女
子及餘在會諸天子衆大
時百千億阿僧祇兜率天
諸雲

사경의 공덕은 십만억 부처님께 공양한 것과 같은 공덕이 있습니다.

過去諸天諸天諸天諸天諸天諸天諸天諸天諸天諸天諸天諸天諸天諸天諸天諸天

過	恭	同		善	在	及
諸	敬	奏	爾	根	力	諸
天	作		時	故	故	天
諸	禮		如	所	兜	女
供	阿		來	流	率	皆
養	僧		威	故	宮	遙
具	祇		神	不	中	見
供	音		力	可	一	佛
養	樂		故	思	切	如
於	一		往	議	諸	對
佛	時		昔	自	天	目

사경의 공덕은 십만억 부처님께 공양한 것과 같은 공덕이 있습니다.

切체		時시	如여	法법	値치	前전
香향	各각	奉봉	是시	無무	遇우	同동
盛성	以이	迎영	觀관	礙애	我아	興흥
一일	天천	如여	察찰	正정	今금	念념
切체	衣의	來래	與여	等등	得득	言언
寶보	盛성		諸제	覺각	見견	如여
盛성	一일		衆중	者자	具구	來래
一일	切체		會회	如여	一일	出출
切체	華화		悉실	是시	切체	世세
莊장	盛성		共공	思사	智지	難난
嚴엄	一일		同동	惟유	於어	可가

사경의 공덕은 십만억 부처님께 공양한 것과 같은 공덕이 있습니다.

具	切	寶	切	養		率
구	체	보	체	양		솔
盛	天	末	天	於	百	陀
성	천	말	천	어	백	타
一	沈	香	曼	佛	千	天
일	침	향	만	불	천	천
切	水	盛	陀		億	子
체	수	성	다		억	자
天	末	一	羅		那	住
천	말	일	라		나	주
栴	香	切	華		由	虛
전	향	체	화		유	허
檀	盛	天	悉		他	空
단	성	천	실		타	공
末	一	香	以		阿	中
말	일	향	이		아	중
香	切	華	奉		僧	咸
향	체	화	봉		승	함
盛	天	盛	散		祇	於
성	천	성	산		기	어
一	妙	一	供		兜	佛
일	묘	일	공		도	불

사경의 공덕은 십만억 부처님께 공양한 것과 같은 공덕이 있습니다.

心	莊	所	切		香	所
散	嚴	起	天	又	氣	起
一	虛	尊	華	於	成	智
切	空	重	雲	佛	雲	慧
天	又	心	莊	所	莊	境
鬘	於	雨	嚴	起	嚴	界
雲	佛	一	虛	歡	虛	心
莊	所	切	空	喜	空	燒
嚴	起	天	又	心		一
虛	供	蓋	於	雨		切
空	養	雲	佛	一		香

사경의 공덕은 십만억 부처님께 공양한 것과 같은 공덕이 있습니다.

	絶	虛	勝	鈴	僧	
又		空	福	常	祇	又
於		雨	田	出	金	於
佛		一	心	妙	網	佛
所		切	以	音	彌	所
生		瓔	阿	又	覆	生
深		珞	僧	於	虛	信
信		雲	祇	佛	空	解
心		無	帳	所	一	心
以		有	莊	生	切	布
阿		斷	嚴	最	寶	阿

사경의 공덕은 십만억 부처님께 공양한 것과 같은 공덕이 있습니다.

躍약		無무	種종	生생	切체	僧승
心심	又우	比비	色색	最최	天천	祇기
以이	於어	種종	天천	勝승	樂락	諸제
阿아	佛불	種종	衣의	難난	出출	天천
僧승	所소	妙묘	雲운	遇우	微미	宮궁
祇기	生생	衣의	莊장	心심	妙묘	殿전
諸제	無무		嚴엄	以이	音음	莊장
天천	量량		虛허	阿아	又우	嚴엄
寶보	歡환		空공	僧승	於어	虛허
冠관	喜희		雨우	祇기	佛불	空공
莊장	踊용		於어	種종	所소	一일

사경의 공덕은 십만억 부처님께 공양한 것과 같은 공덕이 있습니다.

嚴虛空雲又於空雨無量天冠廣大成
雲又於佛所起歡喜心以雨阿
僧祇種種色寶莊嚴虛空雨
一切瓔珞雲無有斷絕百千
億那由他阿僧祇天子咸於
佛所生淨信心散無數種種
色天華然無數種種色天香

사경의 공덕은 십만억 부처님께 공양한 것과 같은 공덕이 있습니다.

大方廣佛華嚴經

사경의 공덕은 십만억 부처님께 공양한 것과 같은 공덕이 있습니다.

心 심	養 양	持 지		寶 보	起 기	布 포
持 지	如 여	無 무	又 우	幢 당	淸 청	道 도
無 무	來 래	數 수	於 어	奉 봉	淨 정	路 로
數 수	又 우	種 종	佛 불	迎 영	心 심	供 공
天 천	於 어	種 종	所 소	如 여	持 지	養 양
寶 보	佛 불	色 색	起 기	來 래	無 무	如 여
鬘 만	所 소	天 천	增 증		數 수	來 래
供 공	生 생	莊 장	上 상		種 종	又 우
養 양	不 불	嚴 엄	歡 환		種 종	於 어
如 여	壞 괴	具 구	喜 희		色 색	佛 불
來 래	信 신	供 공	心 심		天 천	所 소

사경의 공덕은 십만억 부처님께 공양한 것과 같은 공덕이 있습니다.

又於無數種種所生無比歡喜心持如來無數種種色天寶幡供養如諸持

又於無數種種佛所生無比歡喜心持諸如來無數種種色寶幡供養諸如持

不可說先住兜率宮諸菩薩
聲供養如來百千億那由他
持無數種種色天樂出妙音
天子以調順寂靜無放逸心
來百千億那由他阿僧祇諸
無數種種色天寶幡供養如
又於佛所生無比歡喜心持

사경의 공덕은 십만억 부처님께 공양한 것과 같은 공덕이 있습니다.

佛 불	僧 승	增 증	廣 광	所 소	諸 제	衆 중
心 심	祇 기	長 장	大 대	生 생	煩 번	以 이
之 지	善 선	不 불	智 지	甚 심	惱 뇌	從 종
所 소	巧 교	思 사	所 소	深 심	行 행	超 초
現 현	變 변	議 의	生 생	方 방	所 소	過 과
無 무	化 화	善 선	堅 견	便 편	生 생	三 삼
作 작	所 소	根 근	固 고	法 법	周 주	界 계
法 법	成 성	所 소	淸 청	所 소	徧 편	法 법
門 문	就 취	生 생	淨 정	生 생	無 무	所 소
之 지	供 공	起 기	信 신	無 무	礙 애	生 생
所 소	養 양	阿 아	所 소	量 량	心 심	離 리

사경의 공덕은 십만억 부처님께 공양한 것과 같은 공덕이 있습니다.

幻	所	生	所	寶	於	印
心	生	一	生	蓋	佛	出
所	一	切	一	於	以	過
生	切	衣	切	一	從	諸
一	鈴	入	華	切	波	天
切	網	金	帳	佛	羅	諸
堅	解	剛	無	境	密	供
固	一	法	生	界	所	養
香	切	無	法	清	生	具
	法	礙	忍	淨	一	供
	如	心	所	解	切	養

사경의 공덕은 십만억 부처님께 공양한 것과 같은 공덕이 있습니다.

雲운	無무	所소	解해	養양	心심	
一일	生생	住주	諸제	佛불	所소	周주
切체	善선	一일	法법	不불	生생	徧변
堅견	根근	切체	如여	懈해	一일	一일
固고	所소	寶보	夢몽	心심	切체	切체
香향	生생	宮궁	歡환	所소	佛불	佛불
雲운	一일	殿전	喜희	生생	衆중	境경
一일	切체	無무	心심	一일	寶보	界계
切체	寶보	著착	所소	切체	妙묘	如여
無무	蓮연	善선	生생	寶보	座좌	來래
邊변	華화	根근	佛불	幢당	供공	座좌

사경의 공덕은 십만억 부처님께 공양한 것과 같은 공덕이 있습니다.

色華雲一切種種色妙衣雲
一切無邊清淨栴檀香雲一
切妙莊嚴寶蓋雲一切燒香
雲一切妙鬘雲一切清淨莊
嚴具雲皆偏法界出過諸天
供養之具供養於佛
其諸菩薩一一身各出不

사경의 공덕은 십만억 부처님께 공양한 것과 같은 공덕이 있습니다.

可說百千億那由他菩薩皆於

充滿諸法界虛空界其心等於所

三世諸佛如來以從無所顛倒法衆

起安隱之道力所加開示

生具足不可說名味句普入

無量法一切陀羅尼種中生

사경의 공덕은 십만억 부처님께 공양한 것과 같은 공덕이 있습니다.

思사	衆중		無무	無무	畏외	不불
議의	見견	爾이	有유	盡진	生생	可가
人인	於어	時시	厭염	如여	大대	窮궁
中중	如여	一일	足족	實실	歡환	盡진
之지	來래	切체		讚찬	喜희	辯변
雄웅	應응	諸제		歎탄	以이	才재
其기	正정	天천		法법	不불	之지
身신	等등	及급		讚찬	可가	藏장
無무	覺각	諸제		歎탄	說설	心심
量량	不불	菩보		如여	無무	無무
不불	可가	薩살		來래	量량	所소

사경의 공덕은 십만억 부처님께 공양한 것과 같은 공덕이 있습니다.

一일		安안	莊장	一일	令령	可가
切체	示시	住주	嚴엄	切체	無무	稱칭
諸제	現현	善선	而이	虛허	數수	數수
語어	無무	根근	爲위	空공	衆중	現현
言언	量량		莊장	界계	生생	不불
道도	諸제		嚴엄	一일	心심	思사
諸제	佛불		令령	切체	大대	議의
大대	神신		一일	法법	歡환	種종
菩보	力력		切체	界계	喜희	種종
薩살	超초		衆중	以이	普보	神신
所소	過과		生생	佛불	徧변	變변

사경의 공덕은 십만억 부처님께 공양한 것과 같은 공덕이 있습니다.

住주	三삼		映영	根근	住주	共공
一일	昧매	智지	奪탈	悉실	於어	欽흠
切체	之지	慧혜	已이	諸제	敬경
衆중	所소	境경		清청	佛불	隨수
生생	出출	界계		淨정	廣광	所소
身신	生생	不불		色색	大대	應응
中중	其기	可가		相상	之지	化화
令령	身신	窮궁		第제	身신	皆개
無무	無무	盡진		一일	功공	令령
量량	際제	無무		無무	德덕	歡환
衆중	徧변	比비		能능	善선	喜희

사경의 공덕은 십만억 부처님께 공양한 것과 같은 공덕이 있습니다.

	慧	生	三		不	生
法	成	信	世	住	斷	皆
雲	就	解	諸	於		大
普	諸	清	佛	諸		歡
覆	根	淨	之	佛		喜
虛	悅	令	家	究		令
空	豫	一	令	竟		一
法		切	不	所		切
界		菩	可	住		智
敎		薩	數	生		種
化		智	衆	於		性

사경의 공덕은 십만억 부처님께 공양한 것과 같은 공덕이 있습니다.

智	一	顯	智	出	令	調
지	일	현	지	출	령	조
	切	現	放	過	滿	伏
	체	현	방	과	만	복
衆	普	大	一	足	無	
중	보	대	일	족	무	
生	使	光	切	令	有	
생	사	광	체	령	유	
安	一	明	衆	其	遺	
안	일	명	중	기	유	
住	切	宿	生	安	餘	
주	체	숙	생	안	여	
普	發	世	之	住	隨	
보	발	세	지	주	수	
賢	廣	善	上	無	衆	
현	광	선	상	무	중	
不	大	根	獲	分	生	
불	대	근	획	분	생	
可	心	皆	一	別	心	
가	심	개	일	별	심	
壞	令	令	切	智	悉	
괴	령	령	체	지	실	

사경의 공덕은 십만억 부처님께 공양한 것과 같은 공덕이 있습니다.

不 불	等 등	現 현	如 여	盡 진	法 법
徧 변	退 퇴	法 법	不 불	能 능	界 계
住 주	正 정	界 계	可 가	令 령	廣 광
一 일	法 법	明 명	說 설	身 신	度 도
切 체	中 중	了 료	不 불	非 비	群 군
衆 중	生 생	衆 중	可 가	世 세	常 상	生 생
生 생	住 주	生 생	說 설	言 언	思 사	隨 수
國 국	於 어	心 심	種 종	辭 사	念 념	初 초
土 토	一 일	之 지	種 종	而 이	佛 불	發 발
從 종	切 체	所 소	差 차	歎 탄	充 충	心 심
於 어	平 평	宜 의	別 별	可 가	滿 만	所 소

사경의 공덕은 십만억 부처님께 공양한 것과 같은 공덕이 있습니다.

善	常	礙		議	信	欲
能	寂	住	等		解	利
開	定	得	觀		清	益
演	未	佛	衆		淨	以
種	曾	十	生		示	法
種	散	力	心		現	惠
文	亂	無	無		色	施
句	住	所	所		身	令
眞	一	障	著		不	其
實	切	礙	住		可	調
之	智	心	無		思	伏

	世	異	恒	照	無	義
於	法	於	住	法	量	能
一	世	我	法	界	功	悉
切	法	我	界	隨	德	深
世	無	所	住	本	慧	入
間	染	俱	佛	願	藏	無
建		無	所	力	恒	邊
智		所	住	常	以	智
慧		著	無	現	佛	海
幢		住	有	不	日	出
其			變	沒	普	生

사경의 공덕은 십만억 부처님께 공양한 것과 같은 공덕이 있습니다.

身신	以이	薩살	衆중	上상	拔발	智지
種종	大대	智지	生생	智지	諸제	廣광
種종	慈자	慧혜	而이	慧혜	衆중	大대
莊장	悲비	信신	無무	之지	生생	超초
嚴엄	現현	向향	有유	地지	令령	過과
以이	不불	決결	盡진	所소	出출	世세
妙묘	可가	定정	了료	有유	淤어	間간
音음	說설	當당	知지	福복	泥니	無무
聲성	無무	成성	一일	德덕	置치	所소
演연	量량	正정	切체	饒요	於어	染염
無무	佛불	覺각	菩보	益익	最최	著착

사경의 공덕은 십만억 부처님께 공양한 것과 같은 공덕이 있습니다.

法법	曾증	佛불	記기	不불	去거	量량
界계	休휴	家가	令령	著착	來래	法법
佛불	息식	得득	其기	境경	今금	隨수
刹찰	而이	佛불	皆개	界계	心심	衆중
悉실	於어	灌관	入입	恒항	常상	生생
能능	一일	頂정	佛불	與여	淸청	意의
遍변	切체	常상	之지	一일	淨정	悉실
住주	無무	遊유	種종	切체	令령	令령
諸제	所소	十시	性성	諸제	諸제	滿만
衆증	樂락	方방	生생	菩보	衆중	足족
生생	著착	未미	在재	薩살	生생	於어

사경의 공덕은 십만억 부처님께 공양한 것과 같은 공덕이 있습니다.

心靡不了知所有福德離世
심미불료지소유복덕리세

清淨不住生死而於世間如
청정부주생사이어세간여

影普現
영보현

以智慧月普照法界了達
이지혜월보조법계료달

一切悉無所得恒以智慧知
일체실무소득항이지혜지

諸世間如幻如影如夢如化
제세간여환여영여몽여화

一切皆以心爲自性如是而
일체개이심위자성여시이

現	之	相	爲	來	差	住
현	지	상	위	래	차	주
一	本	皆	說	恒	別	隨
일	본	개	설	항	별	수
切	欲	悉	世	以	諸	諸
체	욕	실	세	이	제	제
世	令	無	間	無	根	衆
세	령	무	간	무	근	중
間	衆	相	皆	數	各	生
간	중	상	개	수	각	생
性	生	唯	從	衆	異	業
성	생	유	종	중	이	업
相	離	是	緣	生	而	報
상	리	시	연	생	이	보
而	諸	一	起	而	現	不
이	제	일	기	이	현	부
行	相	相	知	爲	佛	同
행	상	상	지	위	불	동
於	著	智	諸	所	身	心
어	착	지	제	소	신	심
世	示	慧	法	緣	如	樂
세	시	혜	법	연	여	락

사경의 공덕은 십만억 부처님께 공양한 것과 같은 공덕이 있습니다.

圓	行	除	來	世		爲
滿	心	滅	身	間	爲	其
成	不	世	相	開	欲	開
就	散	間	攀	示	救	示
一	動	煩	緣	佛	護	無
切	於	惱	憶	道	一	上
諸	大	之	念	令	切	菩
佛	乘	相	勤	其	衆	提
義	門	修	加	得	生	
利	皆	菩	修	見	出	
悉	得	提	習	如	現	

사경의 공덕은 십만억 부처님께 공양한 것과 같은 공덕이 있습니다.

種種菩薩諸行 諸根境界自在
以大功德智慧神通出生
不充滿色身妙好見者無厭種
明網普照十方一切世無
世永離一切世間分別無光
清淨業報智慧明了普入三
能觀察眾生善根而不壞滅

사경의 공덕은 십만억 부처님께 공양한 것과 같은 공덕이 있습니다.

大方廣佛華嚴經

熾盛無邊妙色莊嚴其身一

受持修習一切諸佛功德圓滿

羅尼雨令其發起廣大欲樂陀

智道爲諸菩薩過現未來無量一切

善能開示

圓滿作諸佛事作已便沒一切

사경의 공덕은 십만억 부처님께 공양한 것과 같은 공덕이 있습니다.

普보	福복			自자	義의	障장	切체
現현	田전	爲위		在재	已이	礙애	世세
化화	具구	大대		得득	之지		間간
身신	大대	法법		淸청	法법		靡미
放방	威위	王왕		淨정	於어		不불
智지	德덕	如여		於어	一일		現현
慧혜	於어	日일		功공	切체		覩도
光광	一일	普보		德덕	法법		永영
悉실	切체	照조		法법	眞진		離리
令령	世세	爲위		而이	實실		一일
開개	間간	世세		得득	之지		切체

사경의 공덕은 십만억 부처님께 공양한 것과 같은 공덕이 있습니다.

眼	悉	療	慧		功	悟
離	能	衆	手	隨	德	欲
諸	徧	病	安	順	以	令
障	往	一	慰	世	無	衆
翳	未	切	衆	間	礙	生
悉	曾	世	生	方	繒	知
能	休	間	爲	便	繫	佛
明	息	無	大	開	頂	具
見	清	量	醫	導	受	足
於	淨	國	王	以	位	無
作	慧	土	善	智		邊

사경의 공덕은 십만억 부처님께 공양한 것과 같은 공덕이 있습니다.

其기	佛불		現현	若약	其기	不불
悟오	身신	隨수	平평	諸제	入입	善선
解해	種종	其기	等등	衆중	道도	惡악
得득	種종	心심	業업	生생	善선	業업
法법	神신	樂락	報보	起기	取취	衆중
智지	變변	隨수		平평	時시	生생
慧혜	而이	其기		等등	宜의	種종
心심	爲위	業업		心심	無무	種종
大대	說설	果과		卽즉	有유	調조
歡환	法법	爲위		爲위	休휴	伏복
喜희	令령	現현		化화	息식	令령

사경의 공덕은 십만억 부처님께 공양한 것과 같은 공덕이 있습니다.

巧	悉	慰	生		信	諸
교	실	위	생		신	제
了	令	其	死	一	生	根
료	령	기	사	일	생	근
達	證	心	如	切	諸	踊
달	증	심	여	체	제	용
境	入	使	來	衆	善	躍
경	입	사	래	중	선	약
界	無	無	出	生	根	見
계	무	무	출	생	근	견
莊	依	憂	世	隨	永	無
장	의	우	세	수	영	무
嚴	義	怖	能	業	不	量
엄	의	포	능	업	불	량
妙	智	若	覺	所	退	佛
묘	지	약	각	소	퇴	불
好	智	得	悟	繫	轉	起
호	지	득	오	계	전	기
無	慧	見	之	長		深
무	혜	견	지	장		심
能	善	者	安	眠		重
능	선	자	안	면		중

사경의 공덕은 십만억 부처님께 공양한 것과 같은 공덕이 있습니다.

本 본	以 이	一 일	所 소	衆 중		映 영
願 원	一 일	切 체	莊 장	生 생	或 혹	奪 탈
不 불	切 체	諸 제	嚴 엄	至 지	現 현	智 지
捨 사	智 지	佛 불	業 업	無 무	菩 보	山 산
世 세	業 업	莊 장	行 행	患 환	薩 살	法 법
間 간	之 지	嚴 엄	所 소	地 지	或 혹	芽 아
作 작	所 소	淸 청	成 성	無 무	現 현	悉 실
諸 제	成 성	淨 정	現 현	數 수	佛 불	已 이
衆 중	就 취	莫 막	於 어	功 공	身 신	淸 청
生 생	常 상	不 불	世 세	德 덕	令 령	淨 정
堅 견	守 수	皆 개	間 간	之 지	諸 제	

사경의 공덕은 십만억 부처님께 공양한 것과 같은 공덕이 있습니다.

捨	清		隨	衆	令	固
사	청		수	중	령	고
本	淨	若	不	生	一	善
본	정	약	불	생	일	선
願	而	有	捨	無	切	友
원	이	유	사	무	체	우
無	於	往		量	衆	清
무	어	왕		량	중	청
所	六	昔		無	生	淨
소	륙	석		무	생	정
欺	趣	同		邊	皆	第
기	취	동		변	개	제
誑	一	種		佛	得	一
광	일	종		불	득	일
悉	切	善		以	現	離
실	체	선		이	현	리
以	衆	根		神	見	垢
이	중	근		신	견	구
善	生	皆		力	六	光
선	생	개		력	륙	광
法	不	令		常	趣	明
법	불	령		상	취	명

사경의 공덕은 십만억 부처님께 공양한 것과 같은 공덕이 있습니다.

方	業		日	現	以	邊
便	摧	從	藏	影	種	光
攝	破	無	無	像	種	明
取	一	礙	有	一	法	之
令	切	際	障	切	廣	藏
其	諸	出	礙	世	施	諸
修	魔	廣	於	間	衆	力
習	鬪	大	淨	無	生	智
清	諍	力	心	不	佛	慧
淨	最	界	觀	是	皆
之	勝	而	見	無	悉

사경의 공덕은 십만억 부처님께 공양한 것과 같은 공덕이 있습니다.

盡진	善선		怙호	爲위	其기	圓원
智지	行행	凡범		上상	所소	滿만
地지	受수	有유		福복	願원	恒항
爲위	無무	所소		田전	皆개	以이
一일	量량	施시		一일	令령	大대
切체	福복	悉실		切체	滿만	光광
衆중	悉실	令령		衆중	足족	普보
生생	令령	清청		生생	離리	照조
種종	得득	淨정		共공	諸제	衆중
植식	入입	修수		所소	怨원	生생
善선	無무	少소		依의	敵적	隨수

사경의 공덕은 십만억 부처님께 공양한 것과 같은 공덕이 있습니다.

大方廣佛華嚴經 90

德덕	入입		苦고	方방	生생	根근
之지	於어	如여		便편	福복	淨정
海해	智지	是시		善선	德덕	心심
如여	慧혜	信신		巧교	最최	之지
是시	之지	解해		能능	上상	主주
普보	淵연	如여		救구	良량	爲위
至지	如여	是시		一일	田전	一일
虛허	是시	觀관		切체	智지	切체
空공	遊유	察찰		三삼	慧혜	衆중
智지	於어	如여		惡악	甚심	生생
慧혜	功공	是시		道도	深심	發발

사경의 공덕은 십만억 부처님께 공양한 것과 같은 공덕이 있습니다.

如	念	相	是		毛	祇
여	념	상	시		모	기
是	現	好	觀	時	孔	光
시	현	호	관	시	공	광
而	前	如	佛	彼	出	明
이	전	여	불	피	출	명
知	觀	是	神	大	百	一
지	관	시	신	대	백	일
衆	察	觀	通	衆	千	一
중	찰	관	통	중	천	일
生	如	佛	自	見	億	光
생	여	불	자	견	억	광
福	是	普	在	如	那	明
복	시	보	재	여	나	명
田	觀	現		來	由	有
전	관	현		래	유	유
如	佛	世		身	他	阿
여	불	세		신	타	아
是	諸	間		一	阿	僧
시	제	간		일	아	승
正	業	如		一	僧	祇
정	업	여		일	승	기

사경의 공덕은 십만억 부처님께 공양한 것과 같은 공덕이 있습니다.

	僧 승	淸 청	衆 중	歡 환	令 령	色 색
爾 이	祇 기	淨 정	深 심	喜 희	阿 아	阿 아
時 시	衆 중	阿 아	信 신	阿 아	僧 승	僧 승
大 대	恭 공	僧 승	增 증	僧 승	祇 기	祇 기
衆 중	敬 경	祇 기	長 장	祇 기	衆 중	淸 청
咸 함	尊 존	衆 중	阿 아	衆 중	觀 관	淨 정
見 견	重 중	諸 제	僧 승	快 쾌	察 찰	阿 아
佛 불		根 근	祇 기	樂 락	阿 아	僧 승
身 신		淸 청	衆 중	阿 아	僧 승	祇 기
放 방		涼 량	志 지	僧 승	祇 기	照 조
百 백		阿 아	樂 락	祇 기	衆 중	明 명

사경의 공덕은 십만억 부처님께 공양한 것과 같은 공덕이 있습니다.

千一思以暢頌善
億一議佛百超根
那光光神千諸之
由明照力億世所
他皆不出那間成
不有思大由所就
思不議妙他有復
議思無音不言現
大議邊其思辭百
光色法音議出千
明不界演讚世億

사경의 공덕은 십만억 부처님께 공양한 것과 같은 공덕이 있습니다.

門解甚深義 又現不可說 出興于世 令諸眾生入智慧 出生又現不來可說諸佛如來所 皆是如無盡自在之所 不可盡 百千億那由他 那由他不思議 不思議微妙莊嚴劫歎於

사경의 공덕은 십만억 부처님께 공양한 것과 같은 공덕이 있습니다.

不불	勝승		一일	如여	空공	佛불
思사	德덕	亦역	切체	是시	界계	如여
議의	生생	從종	智지	皆개	令령	來래
妙묘	復부	如여	生생	從종	一일	所소
寶보	現현	來래		如여	切체	有유
光광	百백	所소		來래	世세	變변
焰염	千천	修수		所소	間간	化화
從종	億억	行행		住주	平평	盡진
昔석	那나	不불		無무	等등	法법
大대	由유	思사		障장	清청	界계
願원	他타	議의		礙애	淨정	虛허

사경의 공덕은 십만억 부처님께 공양한 것과 같은 공덕이 있습니다.

善根所起 以曾供養無量如來 修清淨行 無放逸故 薩婆若心 無有障礙 無生善根故 爲顯如來力廣偏故 爲斷一切眾生疑故 爲令咸得見如來故 令無量眾生住善根故 顯示如來神通之力 無映奪故

欲令眾生普得入於究竟菩薩海
故為一切諸佛入國土菩薩海
大眾皆集故為欲開示不
可思議如來法門大悲故普覆示
爾時有如來大莊嚴欲令不可說
一切智所莊嚴欲令不可說
百千億那由他阿僧祇世界

사경의 공덕은 십만억 부처님께 공양한 것과 같은 공덕이 있습니다.

	心	智	心	淨	長	中
不	薩	慧	調	者	已	衆
違	婆	光	伏	令	增	生
法	若	明	觀	其	長	未
性	心	發	甚	成	者	信
不	無	生	深	熟	令	者
怖	有	無	法	已	其	信
實	退	量	具	成	清	已
際	轉	廣	足	熟	淨	信
證		大	無	者	已	者
眞		之	量	令	清	增

사경의 공덕은 십만억 부처님께 공양한 것과 같은 공덕이 있습니다.

大方廣佛華嚴經 99

具足無邊福德藏力發歡喜 曾捨離成就證智證無量法 誓願永不退轉常見諸佛未 境了知深法獲難思智入大乘 得佛自在皆離魔境界諸佛 世善根皆悉清淨猶如普賢 實理滿足一切波羅密行出

사경의 공덕은 십만억 부처님께 공양한 것과 같은 공덕이 있습니다.

心入無疑地

不動離惡清淨依一切智見常法

生三世得入一切菩薩衆會現常法

如是諸世諸如來家世尊所所現

集善根莊嚴皆是過去先所積衆

生故
為欲調伏諸衆

無邊無礙開示如來大威德故照明無明
無邊勝德智慧極藏故示現如來無邊際故示現神通
不可思議大熾然故示如來神變故
力於一切趣現佛身無邊際故示本
如來神通變化無
所志願悉成滿故

示시	法법	故고	身신	生생	往왕	
世세	故고	顯현	淸청	一일	故고	顯현
間간	開개	示시	淨정	切체	於어	示시
無무	示시	證증	故고	智지	法법	如여
能능	善선	得득	又우	慧혜	自자	來래
爲위	根근	三삼	現현	門문	在재	勇용
諭유	淸청	世세	其기	故고	成성	猛맹
上상	淨정	諸제	身신	示시	法법	智지
妙묘	藏장	佛불	最최	現현	王왕	慧혜
色색	故고	平평	殊수	如여	故고	能능
故고	顯현	等등	妙묘	來래	出출	徧변

사경의 공덕은 십만억 부처님께 공양한 것과 같은 공덕이 있습니다.

顯示具足十力之相相令其日照菩德

見者無厭足故爲世間日照其德

三世故自在法王爲一世一切功德

皆從往昔善根所現一切不可

薩於一切劫稱揚讚說不可

窮盡

爾時兜率陀天王奉爲如

莊장		等등	尊존	子자	千천	來래
嚴엄	爾이	覺각	善선	向향	億억	嚴엄
具구	時시	唯유	來래	佛불	那나	辨변
大대	世세	見견	善선	合합	由유	如여
威위	尊존	哀애	逝서	掌장	他타	是시
德덕	以이	愍민	善선	白백	阿아	諸제
爲위	佛불	處처	來래	佛불	僧승	供공
令령	莊장	此차	如여	言언	祇지	具구
一일	嚴엄	宮궁	來래	善선	兜도	已이
切체	而이	殿전	應응	來래	率솔	與여
衆중	自자		正정	世세	天천	百백

사경의 공덕은 십만억 부처님께 공양한 것과 같은 공덕이 있습니다.

사경의 공덕은 십만억 부처님께 공양한 것과 같은 공덕이 있습니다.

養無所求故所有志願皆悉清淨故勤勉集善根無有懈怠故發願清淨

大誓願勤求一切智故受此天王故皆發清淨

請入一願求一切莊嚴故如此世界亦悉

界十方所有一切一莊嚴世界

如是

爾時一切寶莊嚴殿自然

莊 장	一 일	雲 운	切 체	普 보	嚴 엄	而 이
嚴 엄	切 체	普 보	莊 장	雨 우	之 지	有 유
蓋 개	堅 견	雨 우	嚴 엄	一 일	上 상	妙 묘
雲 운	固 고	一 일	具 구	切 체	一 일	好 호
普 보	香 향	切 체	雲 운	上 상	切 체	莊 장
雨 우	雲 운	栴 전	普 보	妙 묘	寶 보	嚴 엄
不 불	普 보	檀 단	雨 우	寶 보	網 망	出 출
可 가	雨 우	香 향	一 일	雲 운	周 주	過 과
思 사	一 일	雲 운	切 체	普 보	帀 잡	諸 제
議 의	切 체	普 보	寶 보	雨 우	彌 미	天 천
華 화	寶 보	雨 우	衣 의	一 일	覆 부	莊 장

사경의 공덕은 십만억 부처님께 공양한 것과 같은 공덕이 있습니다.

然不息以佛神力令兜率
養時兜率宮中妓樂養歌讚
法具悉過諸天供養之上諸供
讚而共如相應如是種一切諸與妙
揚如來不可思議妓樂音聲
聚雲普出不可思議妓樂音聲

사경의 공덕은 십만억 부처님께 공양한 것과 같은 공덕이 있습니다.

力력		總총	深심	淨정	滿만	心심
卽즉	爾이	持지	志지	信신	無무	無무
自자	時시	不불	樂락	起기	量량	動동
憶억	兜도	忘망	發발	大대	善선	亂란
念념	率솔		菩보	精정	法법	往왕
過과	陀타		提리	進진	益익	昔석
去거	天천		心심	生생	加가	善선
佛불	王왕		念념	大대	堅견	根근
所소	承승		法법	歡환	固고	皆개
所소	佛불		無무	喜희	增증	得득
	種종	威위		斷단	淨정	長장	圓원

사경의 공덕은 십만억 부처님께 공양한 것과 같은 공덕이 있습니다.

大方廣佛華嚴經 110

善根(선근)而(이)說(설)頌(송)言(언)
彼(피)曾(증)入(입)此(차)處(처) 此(차)莊(장)嚴(엄)殿(전) 最(최)無(무)礙(애)月(월)
是(시)故(고)如(여)此(차) 名(명)廣(광)智(지)
昔(석)有(유)如(여)來(래) 最(최)名(명)廣(광)智(지)
諸(제)吉(길)祥(상)中(중) 最(최)殊(수)勝(승)
昔(석)有(유)如(여)來(래) 最(최)殊(수)勝(승)
彼(피)曾(증)入(입)此(차)處(처) 此(차)莊(장)嚴(엄)殿(전) 名(명)吉(길)祥(상)
諸(제)吉(길)祥(상)中(중) 最(최)殊(수)勝(승)

사경의 공덕은 십만억 부처님께 공양한 것과 같은 공덕이 있습니다.

昔 석	是 시	彼 피	諸 제	昔 석	是 시	彼 피
有 유	故 고	曾 증	吉 길	有 유	故 고	曾 증
如 여	此 차	入 입	祥 상	如 여	此 차	入 입
來 래	處 처	此 차	中 중	來 래	處 처	此 차
號 호	最 최	蓮 연	最 최	名 명	最 최	金 금
珊 산	吉 길	華 화	殊 수	普 보	吉 길	色 색
瑚 호	祥 상	殿 전	勝 승	眼 안	祥 상	殿 전

사경의 공덕은 십만억 부처님께 공양한 것과 같은 공덕이 있습니다.

諸	彼	是	昔	諸	彼	是
제	피	시	석	제	피	시
吉	曾	故	有	吉	曾	故
길	증	고	유	길	증	고
祥	入	此	如	祥	入	此
상	입	차	여	상	입	차
中	此	處	來	中	此	處
중	차	처	래	중	차	처
最	山	最	論	最	寶	最
최	산	최	론	최	보	최
殊	王	吉	師	殊	藏	吉
수	왕	길	사	수	장	길
勝	殿	祥	子	勝	殿	祥
승	전	상	자	승	전	상

사경의 공덕은 십만억 부처님께 공양한 것과 같은 공덕이 있습니다.

彼피	諸제	昔석	是시	彼피	諸제	昔석
曾증	吉길	有유	故고	曾증	吉길	有유
入입	祥상	佛불	此차	入입	祥상	如여
此차	中중	號호	處처	此차	中중	來래
樹수	最최	無무	最최	衆중	最최	名명
嚴엄	殊수	邊변	吉길	華화	殊수	日일
殿전	勝승	光광	祥상	殿전	勝승	照조

사경의 공덕은 십만억 부처님께 공양한 것과 같은 공덕이 있습니다.

諸 제	昔 석	是 시	彼 피	諸 제	昔 석	是 시
吉 길	有 유	故 고	曾 증	吉 길	有 유	故 고
祥 상	如 여	此 차	入 입	祥 상	如 여	此 차
中 중	來 래	處 처	此 차	中 중	來 래	處 처
最 최	名 명	最 최	寶 보	最 최	名 명	最 최
殊 수	智 지	吉 길	宮 궁	殊 수	法 법	吉 길
勝 승	燈 등	祥 상	殿 전	勝 승	幢 당	祥 상

사경의 공덕은 십만억 부처님께 공양한 것과 같은 공덕이 있습니다.

如여						
此차	是시	彼피	諸제	昔석	是시	彼피
世세	故고	曾증	吉길	有유	故고	曾증
界계	此차	入입	祥상	佛불	此차	入입
兜도	處처	此차	中중	號호	處처	此차
率솔	最최	摩마	最최	功공	最최	香향
天천	吉길	尼니	殊수	德덕	吉길	山산
王왕	祥상	殿전	勝승	光광	祥상	殿전
承승						
佛불						

三삼	趺부	殿전		悉실	方방	神신
世세	坐좌	摩마	爾이	亦역	一일	力력
佛불	法법	尼니	時시	如여	切체	以이
同동	身신	寶보	世세	是시	諸제	頌송
一일	淸청	藏장	尊존	歎탄	世세	讚찬
境경	淨정	師사	於어	佛불	界계	歎탄
界계	妙묘	子자	一일	功공	中중	過과
住주	用용	座좌	切체	德덕	兜도	去거
一일	自자	上상	寶보		率솔	諸제
切체	在재	結결	莊장		天천	佛불
智지	與여	跏가	嚴엄		王왕	十시

사경의 공덕은 십만억 부처님께 공양한 것과 같은 공덕이 있습니다.

時爲衆說法 無礙莊嚴而 之處悉能徧嚴往其身善知其 具大神通法界隨有可化衆生 威力普遊法界皆未嘗休息有大 了見一切佛法同入一性佛眼明 與一切佛

過(과) 而(이) 能(능) 淸(청) 方(방)
諸(제) 有(유) 坐(좌) 自(자) 淨(정) 種(종) 不(불)
天(천) 無(무) 此(차) 在(재) 法(법) 種(종) 可(가)
供(공) 量(량) 座(좌) 起(기) 身(신) 國(국) 說(설)
養(양) 無(무) 已(이) 佛(불) 無(무) 土(토) 諸(제)
之(지) 數(수) 於(어) 身(신) 二(이) 而(이) 菩(보)
具(구) 殊(수) 其(기) 行(행) 無(무) 共(공) 薩(살)
所(소) 特(특) 殿(전) 所(소) 來(래) 衆(중)
謂(위) 妙(묘) 中(중) 依(의) 集(집) 各(각)
華(화) 好(호) 自(자) 止(지) 衆(중) 從(종)
鬘(만) 出(출) 然(연) 而(이) 會(회) 他(타)

사경의 공덕은 십만억 부처님께 공양한 것과 같은 공덕이 있습니다.

大方廣佛華嚴經 119

	悉	養	稱		樂	衣
	亦	於	數	如	歌	服
	如	佛	以	是	讚	塗
	是	十	廣	等		香
		方	大	事		末
		一	心	一		香
		切	恭	一		寶
		兜	敬	皆		蓋
		率	尊	悉		幢
		陀	重	不		幡
		天	供	可		妓

사경의 공덕은 십만억 부처님께 공양한 것과 같은 공덕이 있습니다.

發 願 文

귀의 삼보하옵고
거룩하신 부처님께 발원하옵나이다.

주 소 : _____

전 화 : _____ 불명: _____ 성명: _____

불기 25_____ 년 _____ 월 _____ 일